Impressum
Verlag: BABADADA GmbH, Nedderfeld 112 , 22529 Hamburg
Geschäftsführer / Verlagsleitung: Harald Hof
Druck: Books on Demand GmbH, In de Tarpen 42, 22848 Norderstedt

Imprint
Publisher: BABADADA GmbH, Nedderfeld 112 , 22529 Hamburg, Germany
Managing Director / Publishing direction: Harald Hof
Print: Books on Demand GmbH, In de Tarpen 42, 22848 Norderstedt, Germany

xue xiao

Szkoła

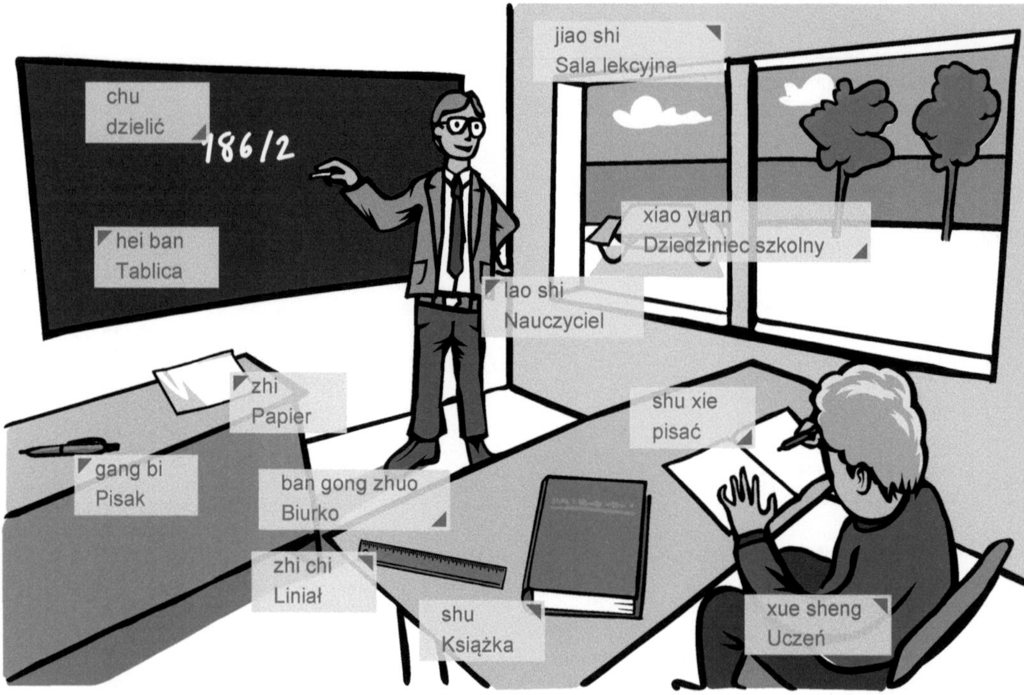

jiao shi
Sala lekcyjna
chu
dzielić
186/2
hei ban
Tablica
xiao yuan
Dziedziniec szkolny
lao shi
Nauczyciel
zhi
Papier
shu xie
pisać
gang bi
Pisak
ban gong zhuo
Biurko
zhi chi
Liniał
shu
Książka
xue sheng
Uczeń

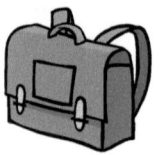

shu bao

Plecak szkolny

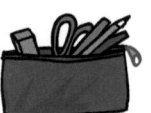

qian bi he

Piórnik

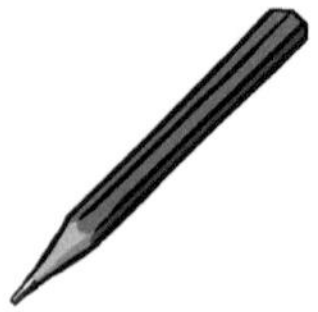

qian bi

Ołówek

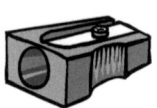

juan bi dao

Temperówka

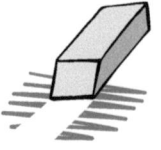

xiang pi ca

Gumka do mazania

hua ban

Blok rysunkowy

tu hua

Rysunek

hua bi

Pędzel

yan liao he

Pudełko z akwarelami

jian dao

Nożyce

jiao shui

Klej

lian xi ce

Książka do ćwiczenia

jia ting zuo ye

Zadanie domowe

shu zi

Liczba

jia

dodawać

jian

odejmować

cheng

mnożyć

ji suan

liczyć

zi mu

Litera

zi mu biao

Alfabet

zi

Słowo

ke wen

Tekst

du

czytać

fen bi

Kreda

shang ke

Godzina

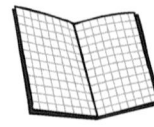

deng ji

Dziennik lekcyjny

kao shi

Egzamin

zheng shu

Świadectwo

xiao fu

Mundurek szkolny

jiao yu

Wykształcenie

bai ke quan shu

Leksykon

da xue

Uniwersytet

xian wei jing

Mikroskop

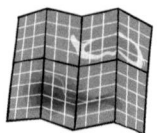

di tu

Mapa

fei zhi kuang

Kosz na odpadki

lü xing

Podróż

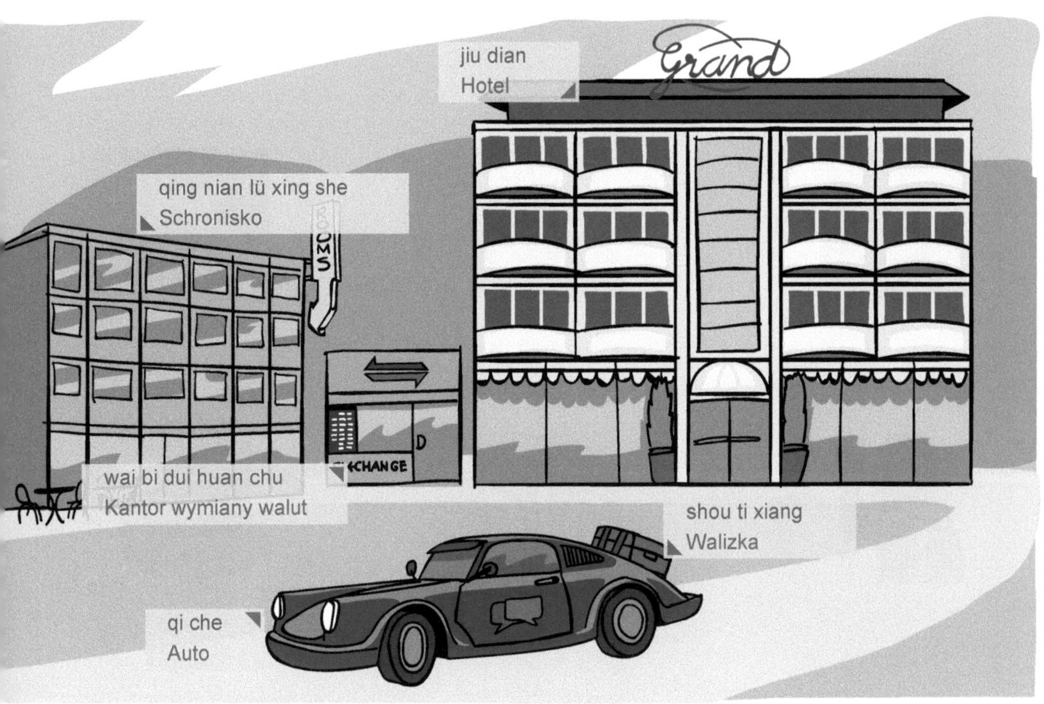
Grand
jiu dian
Hotel
qing nian lü xing she
Schronisko
ROOMS
wai bi dui huan chu
Kantor wymiany walut
EXCHANGE
shou ti xiang
Walizka
qi che
Auto

yu yan

Język

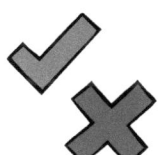

shi/fou

tak / nie

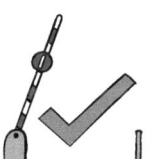

hao de

OK

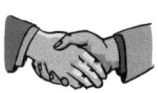

nin hao

Halo

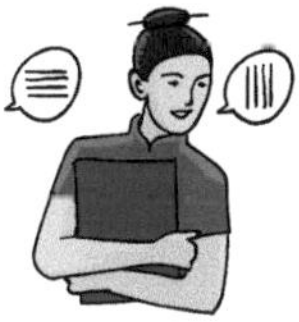

fan yi yuan

Tłumacz

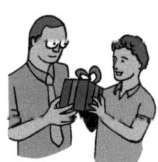

xie xie

Dziękuję

......duo shao qian?

Ile kosztuje ...?

wo bu ming bai

Nie rozumiem

wen ti

Problem

wan shang hao!

Dobry wieczór!

zao shang hao!

Dzień dobry!

wan an!

Dobranoc!

zai jian

Do widzenia

fang xiang

Kierunek

xing li

Bagaż

bao

Torba

shuang jian bao

Plecak

ke ren

Gość

fang jian

Pokój

shui dai

Śpiwór

zhang peng

Namiot

lü you xin xi

Informacja turystyczna

hai tan

Plaża

xin yong ka

Karta kredytowa

zao can

Śniadanie

wu can

Obiad

wan can

Kolacja

piao

Bilet

dian ti

Winda

you piao

Znaczek na list

bian jie

Granica

hai guan

Cło

da shi guan

Ambasada

qian zheng

Wiza

hu zhao

Paszport

jiao tong yun shu

Transport

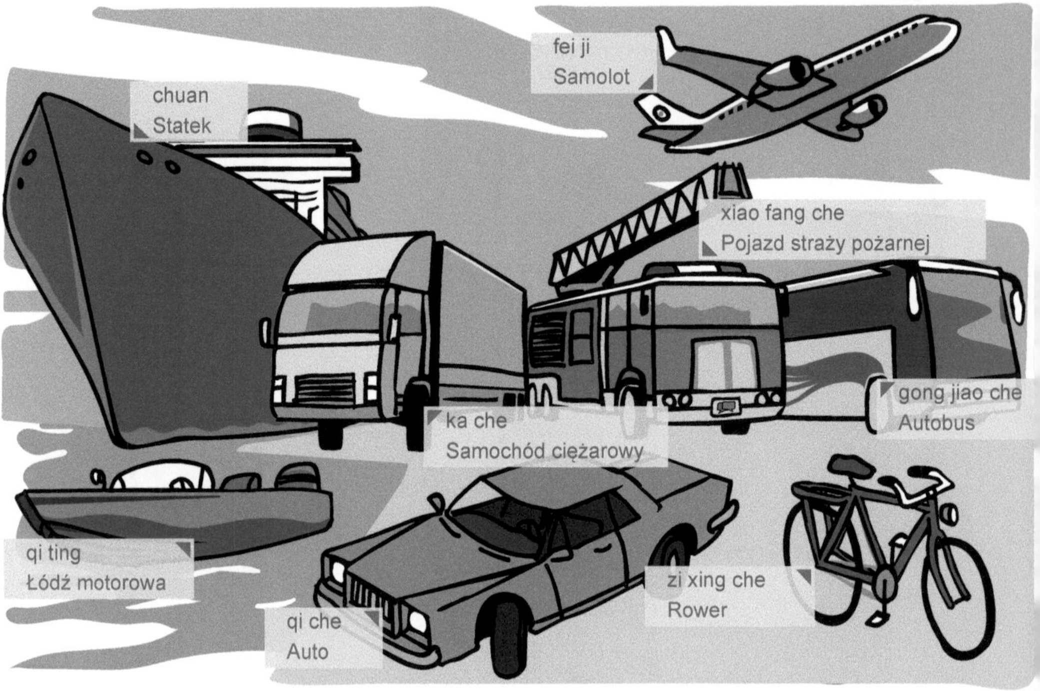

fei ji
Samolot
chuan
Statek
xiao fang che
Pojazd straży pożarnej
gong jiao che
Autobus
ka che
Samochód ciężarowy
qi ting
Łódź motorowa
zi xing che
Rower
qi che
Auto

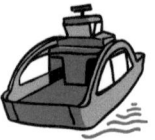

bai du chuan

Prom

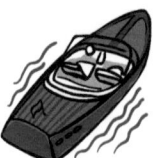

xiao chuan

Łódź

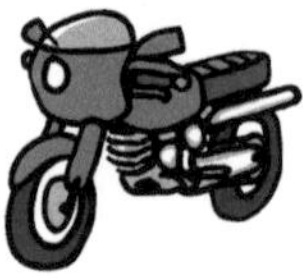

mo tuo che

Motocykl

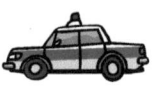

jing che

Radiowóz policyjny

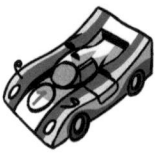

sai che

Samochód wyścigowy

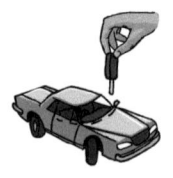

zu che

Samochód wypożyczony

pin che

Wspólne przejazdy
samochodem

tuo che

Samochód pomocy
drogowej

la ji che

Śmieciarka

fa dong ji

Silnik

qi you

Benzyna

jia you zhan

Stacja benzynowa

jiao tong biao zhi

Znak drogowy

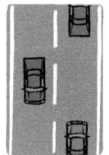

jiao tong

Ruch

jiao tong du sai

Korek

ting che chang

Parking

huo che zhan

Dworzec

gui dao

Szyny

huo che

Pociąg

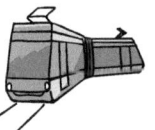

dian che

Tramwaj

huo che

Wagon

zhi sheng ji

Helikopter

ji chang

Lotnisko

ta

Wieża

cheng ke

Pasażer

ji zhuang xiang

Kontener

zhi ban xiang

Karton

shou tui che

Taczka

lan zi

Kosz

qi fei/jiang luo

startować / lądować

cheng shi

Miasto

cun zhuang

Wieś

shi zhong xin

Centrum miasta

fang zi

Dom

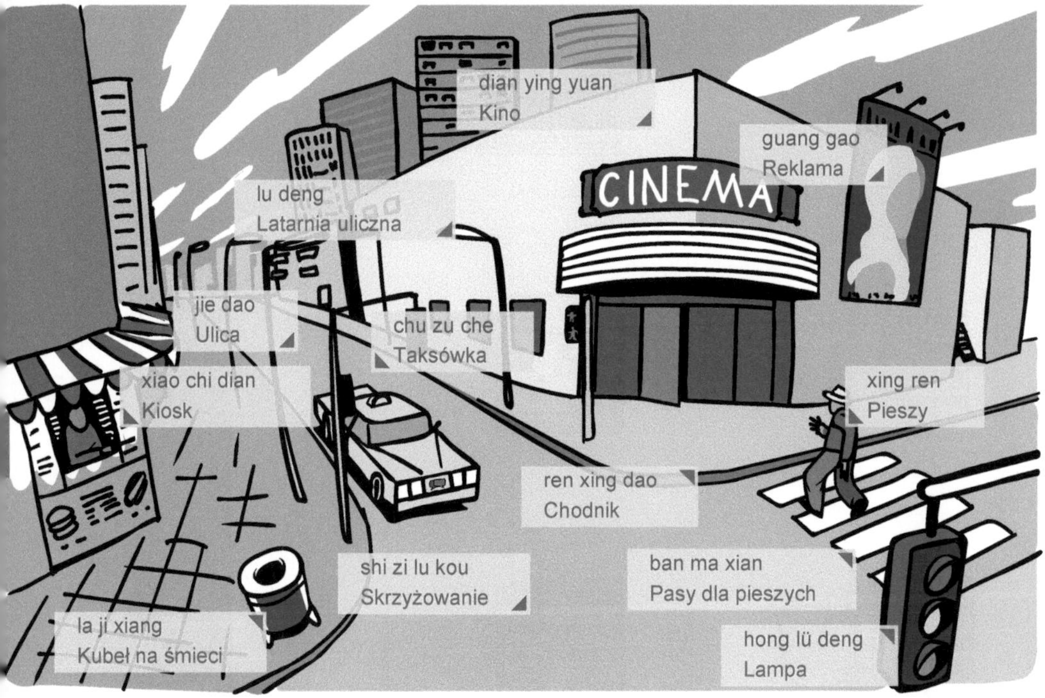

dian ying yuan
Kino
CINEMA
guang gao
Reklama
lu deng
Latarnia uliczna
jie dao
Ulica
chu zu che
Taksówka
xiao chi dian
Kiosk
xing ren
Pieszy
ren xing dao
Chodnik
shi zi lu kou
Skrzyżowanie
ban ma xian
Pasy dla pieszych
la ji xiang
Kubeł na śmieci
hong lü deng
Lampa

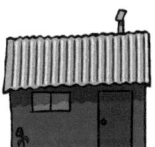

xiao wu

Chata

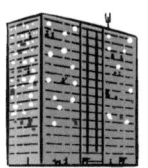

gong yu

Mieszkanie

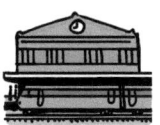

huo che zhan

Dworzec

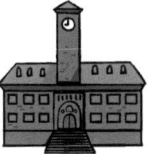

shi zhong ting

Ratusz

MUSEUM

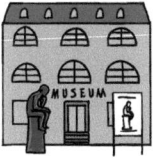

bo wu guan

Muzeum

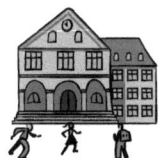

xue xiao

Szkoła

da xue

Uniwersytet

yin hang

Bank

yi yuan

Szpital

jiu dian

Hotel

yao fang

Apteka

ban gong shi

Biuro

shu dian

Księgarnia

shang dian

Sklep

hua dian

Kwiaciarnia

chao shi

Supermarket

shi chang

Rynek

bai huo shang dian

Dom towarowy

yu dian

Sklep z rybami

gou wu zhong xin

Centrum handlowe

hai gang

Port

gong yuan

Park

chang deng

Ławka

qiao

Most

lou ti

Schody

di tie

Metro

sui dao

Tunel

gong jiao che zhan

Przystanek autobusowy

jiu ba

Bar

can guan

Restauracja

you tong

Skrzynka na listy

lu biao

Tabliczka z nazwą ulicy

ting che ji shi qi

Parkometr

dong wu yuan

Zoo

you yong guan

Łaźnia

qing zhen si

Meczet

nong chang

Gospodarstwo chłopskie

wu ran

Zanieczyszczenie środowiska

mu di

Cmentarz

jiao tang

Kościół

cao chang

Plac zabaw

si miao

Świątynia

di xing

Krajobraz

shu ye
Liść

zhi shi pai
Drogowskaz

lu
Droga

cao di
Łąka

shi tou
Kamień

shu
Drzewo

tu bu lü xing zhe
Wędrowiec

he
Rzeka

cao
Trawa

hua
Kwiat

xia gu

Dolina

shan

Góra

hu

Jezioro

sen lin

Las

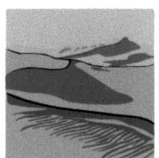

sha mo

Pustynia

huo shan

Wulkan

cheng bao

Zamek

cai hong

Tęcza

mo gu

Grzyb

zong lü shu

Palma

wen zi

Komar

cang ying

Mucha

ma yi

Mrówka

mi feng

Pszczoła

zhi zhu

Pająk

jia chong

Chrząszcz

qing wa

Żaba

song shu

Wiewiórka

ci wei

Jeż

ye tu

Zając

mao tou ying

Sowa

niao

Ptak

tian e

Łabędź

ye zhu

Dzik

lu

Jeleń

mi lu

Łoś

shui ba

Tama

feng li fa dian ji

Wiatrak

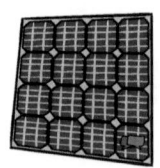

tai yang neng dian chi ban

Moduł solarny

qi hou

Klimat

can guan
Restauracja

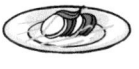

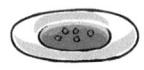

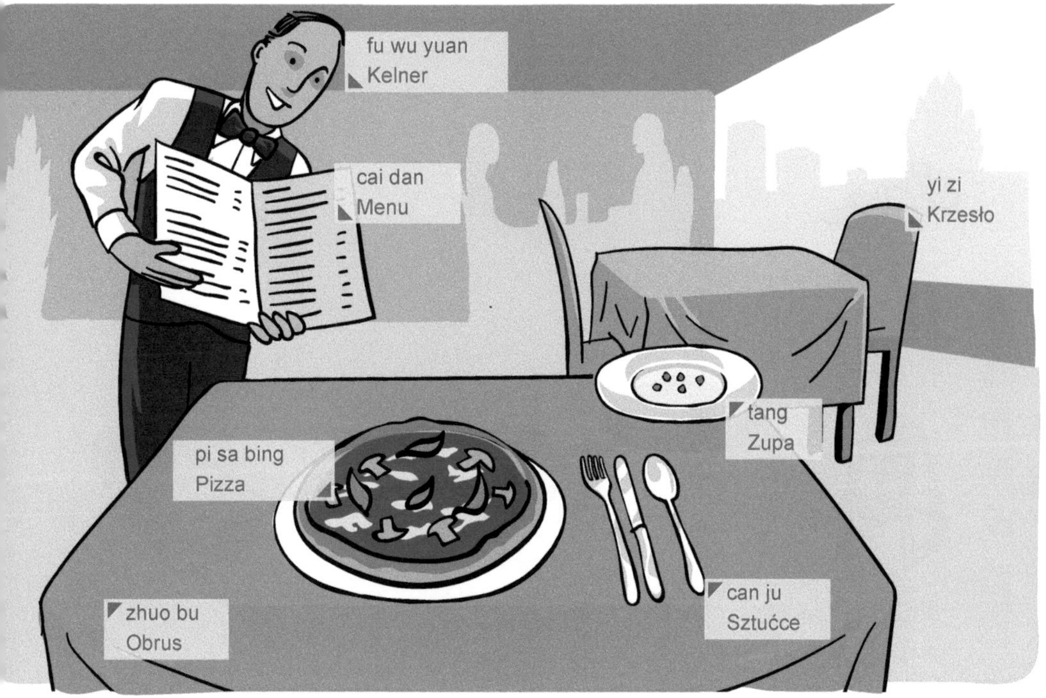

fu wu yuan
Kelner
cai dan
Menu
yi zi
Krzesło
tang
Zupa
pi sa bing
Pizza
zhuo bu
Obrus
can ju
Sztućce

qian cai

Przystawka

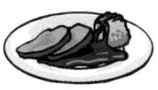

zhu cai

Danie główne

tian dian

Deser

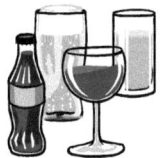

yin liao

Napoje

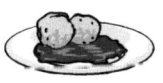

shi wu

Jedzenie

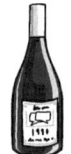

ping zi

Butelka

kuai can

Fastfood

jie bian xiao chi

Streetfood

cha hu

Dzbanek na herbatę

tang he

Cukierniczka

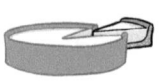

yi fen fan cai

Porcja

yi shi ka fei ji

Zaparzarka do espresso

gao jiao yi

Krzesło dla dziecka

zhang dan

Rachunek

tuo pan

Taca

dao

Nóż

can cha

Widelec

shao zi

Łyżka

cha chi

Łyżeczka

can jin

Serwetka

bo li bei

Szklanka

die zi

Talerz

tang pan

Talerz do zupy

die zi

Podstawek pod filiżankę

jiang

Sos

yan ping

Solniczka

hu jiao mo

Młynek do pieprzu

cu

Ocet

shi yong you

Olej

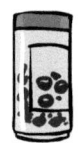

tiao wei liao

Przyprawy

fan qie jiang

Keczup

jie mo

Musztarda

dan huang jiang

Majonez

chao shi

Supermarket

te jia
Oferta
FOR
gu ke
Klient
ru zhi pin
Produkty mleczne
shui guo
Owoce
gou wu che
Wózek sklepowy

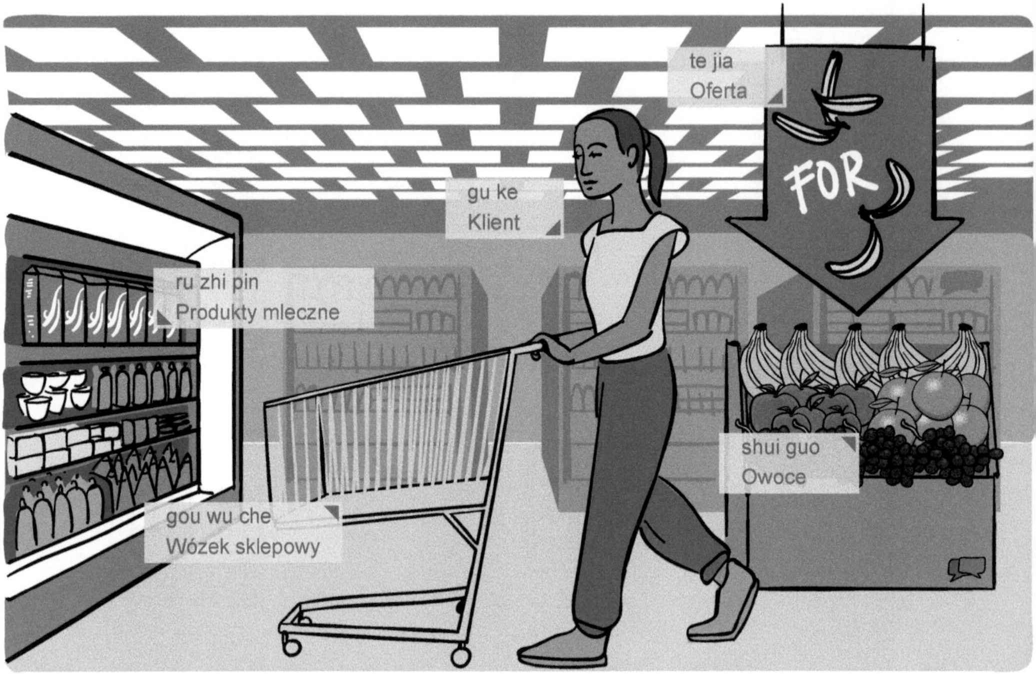

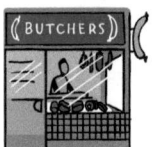

BUTCHERS

rou pu

Rzeźnia

BAKERY

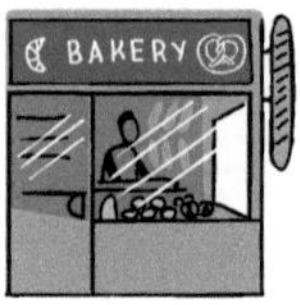

mian bao fang

Piekarnia

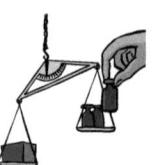

cheng zhong

ważyć

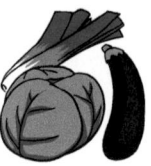

shu cai

Warzywa

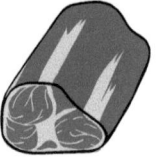

rou

Mięso

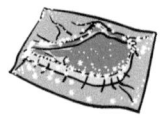

leng dong shi pin

Mrożonki

leng pan

Wędliny

guan tou shi pin

Konserwy

xi yi fen

Proszek m do prania

tian shi

Słodycze

ri yong pin

Artykuły użytku domowego

qing jie yong pin

Środek czyszczący

xiao shou yuan

Sprzedawczyni

shou yin ji

Kasa

shou yin yuan

Kasjer

gou wu qing dan

Lista zakupów

kai fang shi jian

Godziny otwarcia

qian bao

Portfel

xin yong ka

Karta kredytowa

dai zi

Torba

su liao dai

Torebka plastikowa

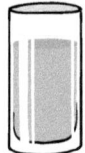

shui

Woda

guo zhi

Sok

niu nai

Mleko

ke le

Cola

hong jiu

Wino

pi jiu

Piwo

jiu

Alkohol

ke ke

Kakao

cha

Herbata

ka fei

Kawa

yi shi nong suo ka fei

Espresso

ka bu qi nuo

Cappuccino

xiang jiao

Banan

ping guo

Jabłko

cheng zi

Pomarańcza

xi gua

Arbuz

ning meng

Cytryna

hu luo bo

Marchew

da suan

Czosnek

zhu zi

Bambus

yang cong

Cebula

mo gu

Grzyb

jian guo

Orzechy

mian tiao

Makaron

yi da li mian tiao

Spaghetti

mi fan

Ryż

sha la

Sałatka

shu tiao

Frytki

zha tu dou

Ziemniaki pieczone

pi sa bing

Pizza

han bao bao

Hamburger

san ming zhi

Kanapka

zha zhu pai

Sznycel

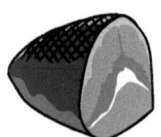

huo tui

Szynka

sa la mi

Salami

xiang chang

Kiełbasa

ji rou

Kura

kao rou

Pieczeń

yu

Ryba

yan mai pian

Płatki owsiane

mu zi li

Musli

yu mi pian

Płatki kukurydziane

mian fen

Mąka

yang jiao mian bao

Croissant

mian bao juan

Bułka

mian bao

Chleb

kao mian bao

Toast

bing gan

Ciastka

huang you

Masło

ning ru

Twarożek

dan gao

Ciasto

dan

Jajko

jian dan

Jajko sadzone

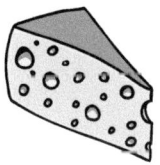

nai lao

Ser

bing ji lin

Lody

tang

Cukier

feng mi

Miód

guo jiang

Marmolada

qiao ke li jiang

Krem nugatowy

ga li fan

Curry

nong chang
Gospodarstwo chłopskie

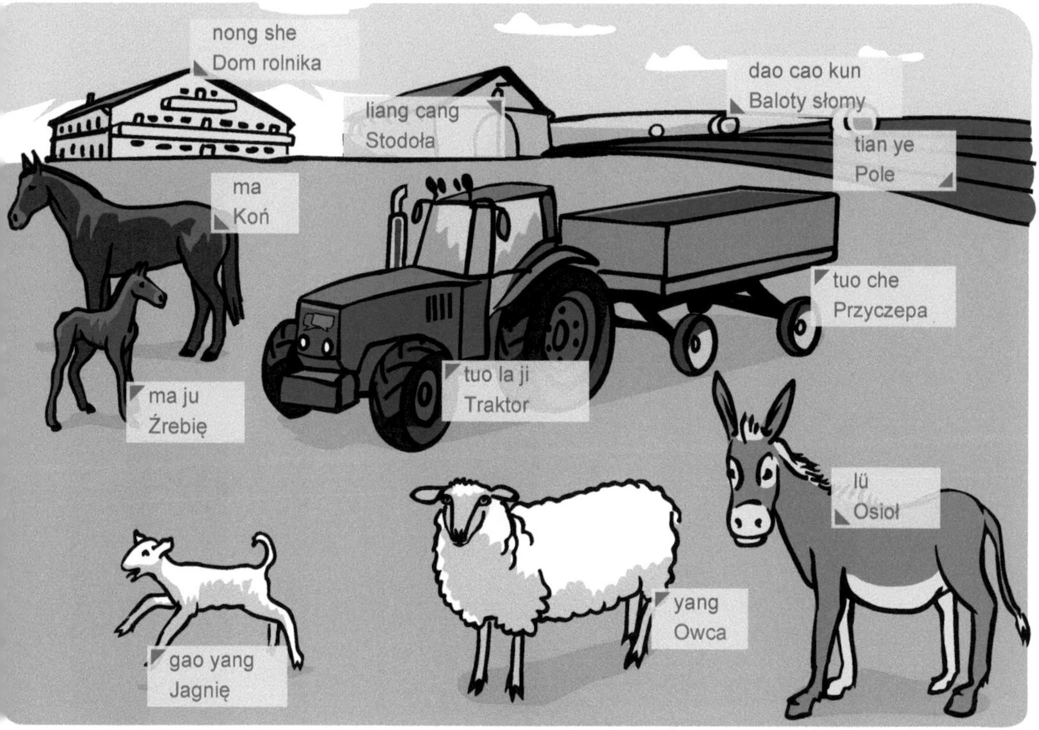
nong she
Dom rolnika
liang cang
Stodoła
dao cao kun
Baloty słomy
tian ye
Pole
ma
Koń
tuo che
Przyczepa
tuo la ji
Traktor
ma ju
Źrebię
lü
Osioł
yang
Owca
gao yang
Jagnię

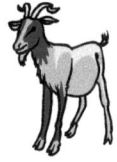

shan yang

Koza

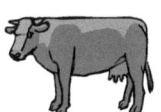

nai niu

Krowa

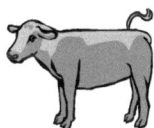

niu du

Cielę

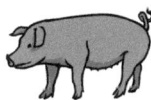

zhu

Świnia

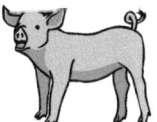

xiao zhu

Prosię

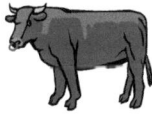

gong niu

Byk

e

Gęś

ya

Kaczka

xiao ji

Kurczątko

mu ji

Kura

gong ji

Kogut

shu

Szczur

mao

Kot

lao shu

Mysz

niu

Osioł

gou

Pies

gou wu

Buda dla psa

hua yuan jiao shui ruan guan

Wąż ogrodowy

sa shui hu

Konewka

chang bing da lian dao

Kosa

li

Pług

lian dao

Sierp

chu tou

Graca

chang bing cao pa

Widły

fu tou

Siekiera

du lun shou tui che

Taczka

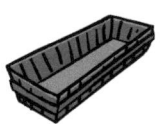

si liao cao

Koryto

niu nai guan

Kanka na mleko

ma bu dai

Worek

zha lan

Płot

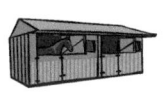

ma jiu

Stajnia

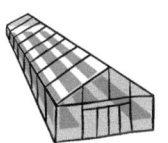

wen shi

Szklarnia

tu rang

Ziemia

zhong zi

Nasiona

fei liao

Nawóz

lian he shou ge ji

Kombajn zbożowy

shou ge

zbierać

shou ge

Żniwa

shan yao

Podchrzyn

xiao mai

Pszenica

da dou

Soja

tu dou

Ziemniak

yu mi

Kukurydza

you cai zi

Rzepak

guo shu

Drzewo owocowe

shu shu

Maniok

gu wu

Zboże

fang zi
Dom

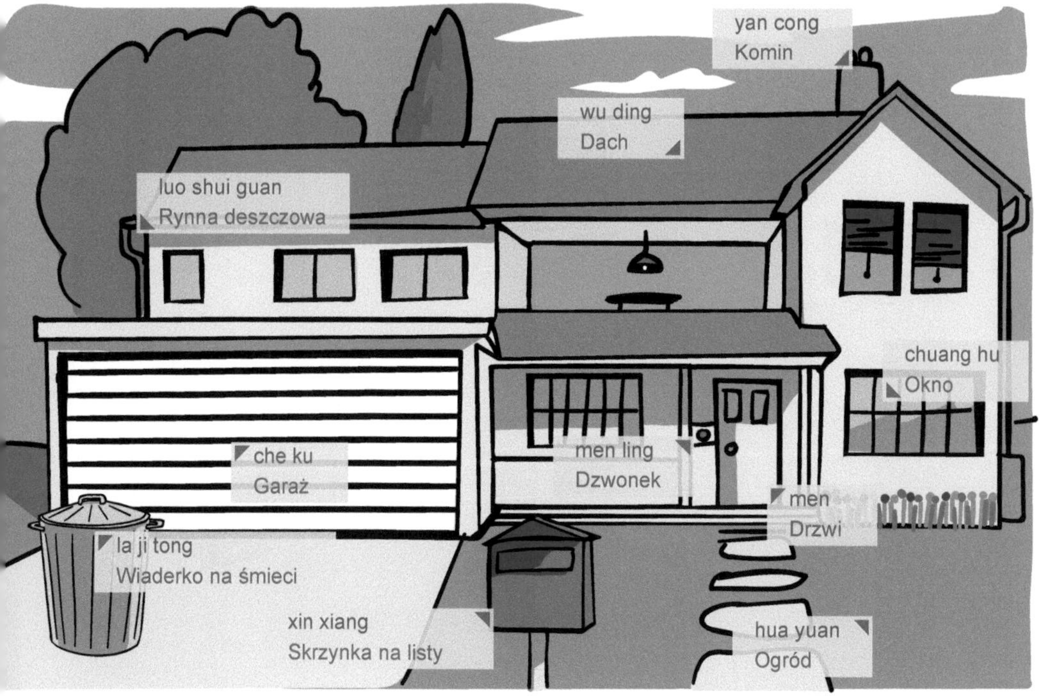

yan cong
Komin
wu ding
Dach
luo shui guan
Rynna deszczowa
chuang hu
Okno
che ku
Garaż
men ling
Dzwonek
men
Drzwi
la ji tong
Wiaderko na śmieci
xin xiang
Skrzynka na listy
hua yuan
Ogród

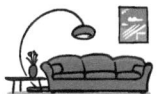

ke ting

Pokój dzienny

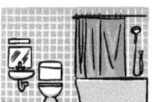

yu shi

Łazienka

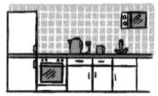

chu fang

Kuchnia

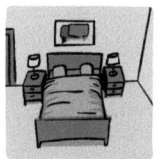

wo shi

Sypialnia

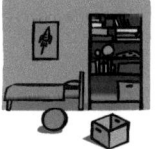

er tong fang

Pokój dziecięcy

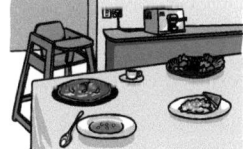

can ting

Jadalnia

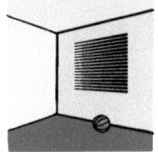

di ban
....
Ziemia

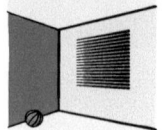

qiang bi
....
Ściana

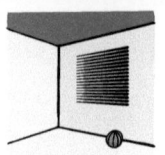

diao ding
....
Koc

di jiao
....
Piwnica

sang na
....
Sauna

yang tai
....
Balkon

lu tai
....
Taras

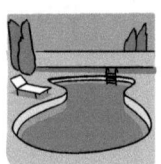

you yong chi
....
Basen

ge cao ji
....
Kosiarka do trawy

bei dan
....
Poszwa

chuang zhao
....
Kołdra

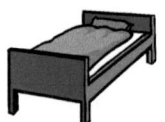

chuang
....
Łóżko

sao zhou
....
Miotła

shui tong
....
Wiadro

kai guan
....
Włącznik

ke ting
Pokój dzienny

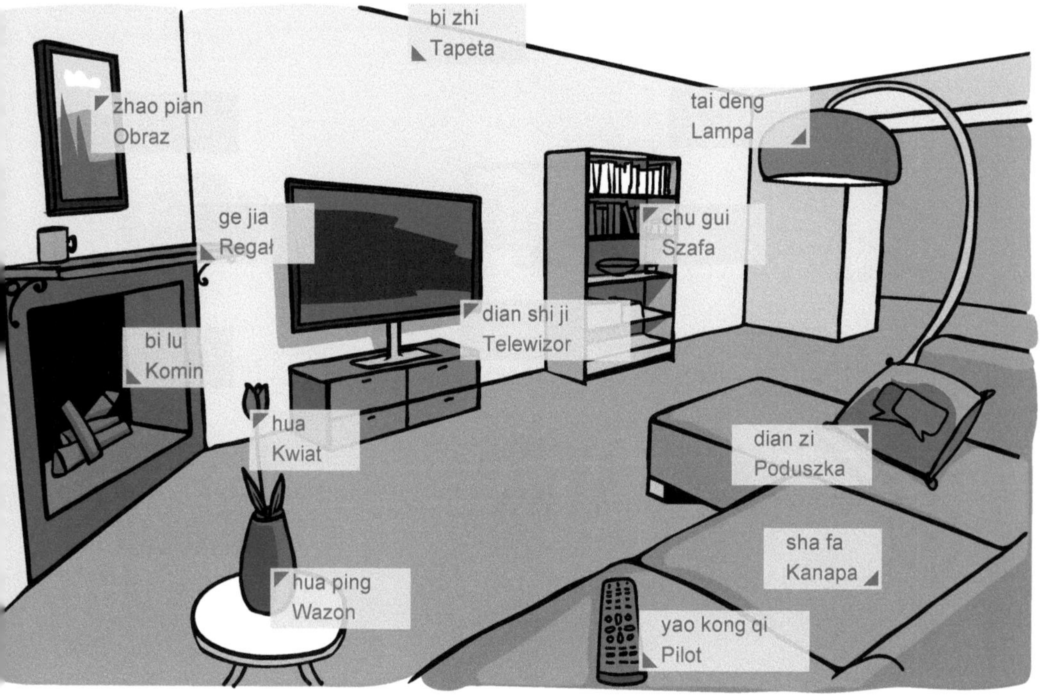
bi zhi
Tapeta
zhao pian
Obraz
tai deng
Lampa
ge jia
Regał
chu gui
Szafa
dian shi ji
Telewizor
bi lu
Komin
hua
Kwiat
dian zi
Poduszka
sha fa
Kanapa
hua ping
Wazon
yao kong qi
Pilot

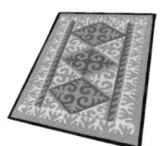

di tan

Dywan

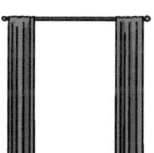

chuang lian

Zasłona

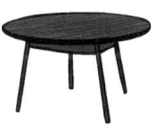

can zhuo

Stół

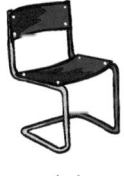

yi zi

Krzesło

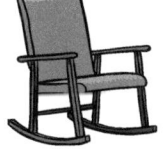

yao yi

Bujak

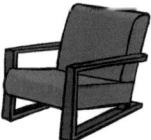

fu shou yi

Fotel

shu

Książka

tan zi

Sufit

zhuang shi pin

Dekoracja

mu chai

Drewno kominkowe

dian ying

Film

gao bao zhen yin xiang

Instalacja stereo

yao shi

Klucz

bao zhi

Gazeta

you hua

Malunek

hai bao

Plakat

shou yin ji

Radio

bi ji ben

Notatnik

xi chen qi

Odkurzacz

xian ren zhang

Kaktus

la zhu

Świeczka

chu fang
Kuchnia

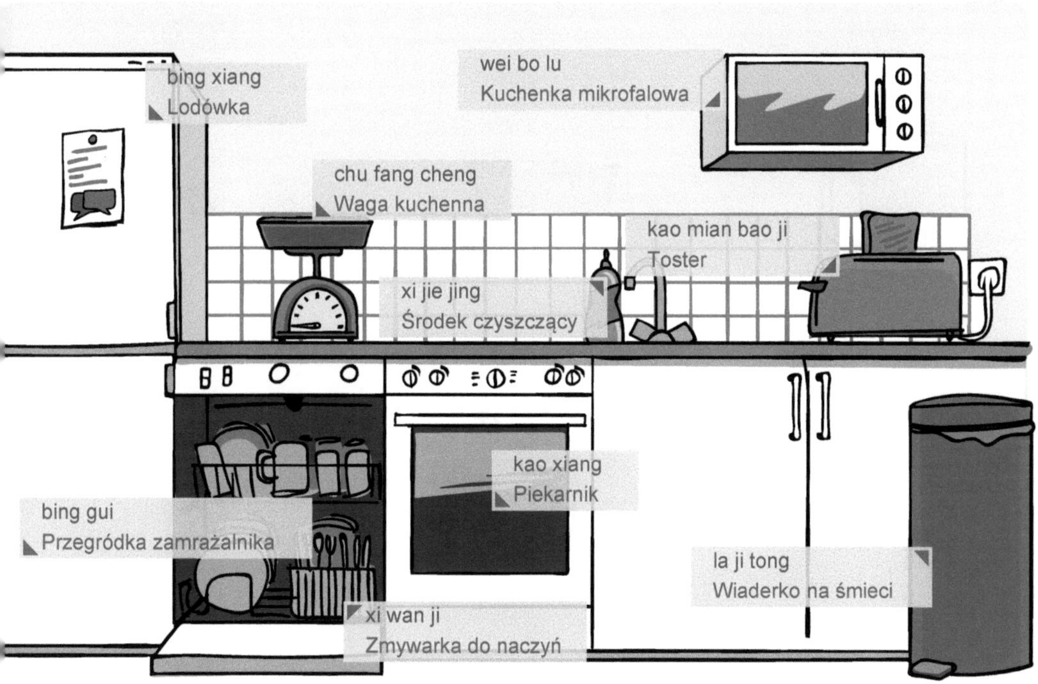

bing xiang
Lodówka
wei bo lu
Kuchenka mikrofalowa
chu fang cheng
Waga kuchenna
kao mian bao ji
Toster
xi jie jing
Środek czyszczący
kao xiang
Piekarnik
bing gui
Przegródka zamrażalnika
la ji tong
Wiaderko na śmieci
xi wan ji
Zmywarka do naczyń

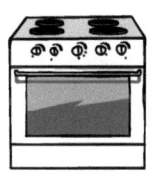

chui ju

Kuchenka

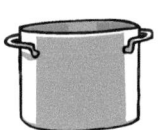

guo

Garnek

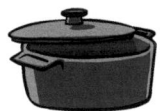

zhu tie guo

Kocioł żeliwny

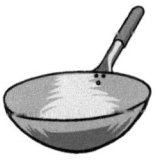

sha guo

Wok / Kadai

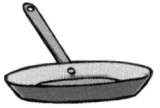

ping di guo

Patelnia

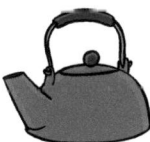

shui hu

Czajnik

zheng guo

Parowar

kao pan

Blacha do pieczenia

tao ci guo

Naczynia kuchenne

ma ke bei

Kubek

wan

Miska

kuai zi

Pałeczki

chang bing shao

Nabierka

chan zi

Łopatka do smażenia

jiao ban qi

Trzepaczka do śmietany

lü wang

Cedzak

shai zi

Sitko

mo sui ji

Tarka

yan bo

Moździerz

shao kao

Grillowanie

ming huo

Palenisko

cai ban

Deska

gan mian zhang

Wałek do ciasta

kai ping qi

Korkociąg

guan zi

Puszka

kai ping qi

Otwieracz do puszek

ge re shou tao

Ściereczka do trzymania garnka

shui cao

Umywalka

shua zi

Szczotka

hai mian

Gąbka

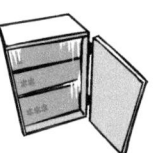

jiao ban ji

Mikser

leng cang xiang

Zamrażarka

nai ping

Butelka dla niemowlęcia

shui long tou

Kran

yu shi
Łazienka

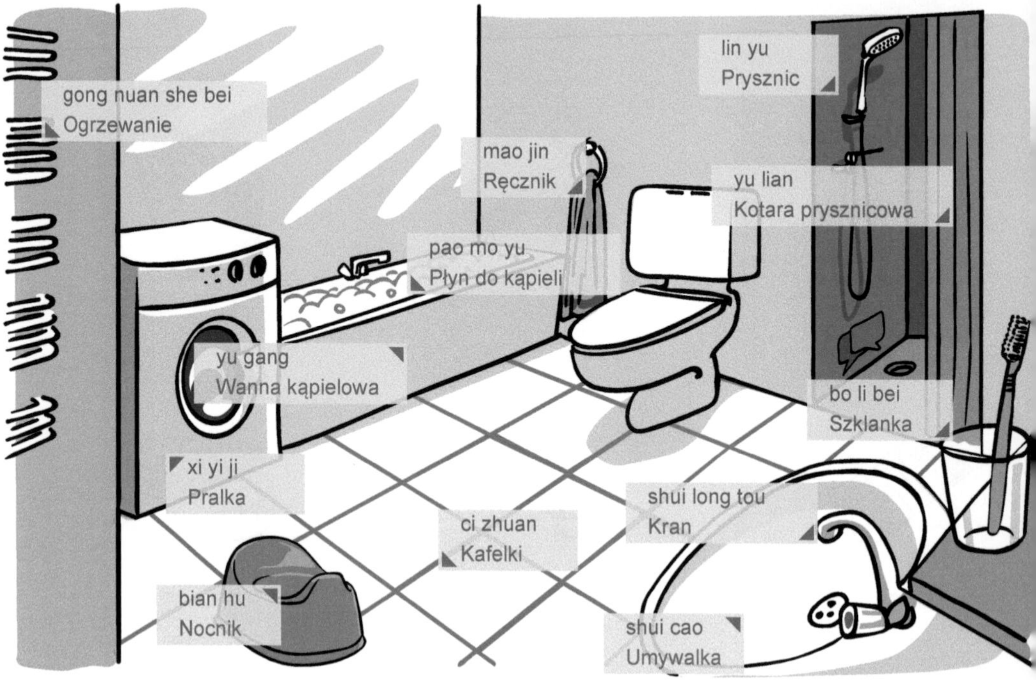

gong nuan she bei
Ogrzewanie
mao jin
Ręcznik
lin yu
Prysznic
yu lian
Kotara prysznicowa
pao mo yu
Płyn do kąpieli
yu gang
Wanna kąpielowa
bo li bei
Szklanka
xi yi ji
Pralka
shui long tou
Kran
ci zhuan
Kafelki
bian hu
Nocnik
shui cao
Umywalka

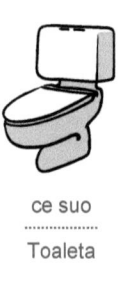

ce suo

Toaleta

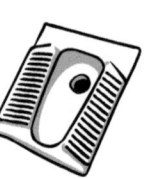

dun bian qi

Toaleta kuczna

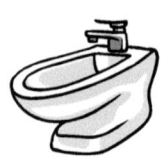

zuo yu qi

Bidet

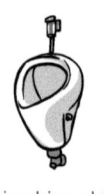

xiao bian chi

Pisuar

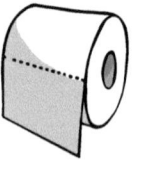

ce zhi

Papier toaletowy

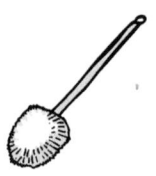

ma tong shua

Szczotka toaletowa

ya shua

Szczoteczka do zębów

ya gao

Pasta do zębów

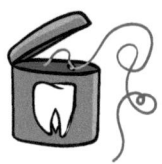

ya xian

Nitki do czyszczenia zębów

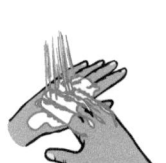

xi

myć

shou chi shi pen lin tou

Głowica prysznicowa

chong xi qi

Płyn kąpielowy do higieny intymnej

xi lian pen

Miska do mycia

ca bei shua

Szczotka kąpielowa

fei zao

Mydło

mu yu lu

Żel prysznicowy

xi fa shui

Szampon

fa lan rong

Rękawica kąpielowa

pai shui

Odpływ

ru shuang

Krem

chu chou ji

Dezodorant

jing zi

Lustro

shou jing

Lustro kosmetyczne

ti xu dao

Golarka

ti xu pao mo

Pianka do golenia

xu hou shui

Woda po goleniu

shu zi

Grzebień

shua zi

Szczotka

chui feng ji

Suszarka do włosów

pen fa ding xing ji

Spray do włosów

hua zhuang pin

Makijaż

chun gao

Pomadka

zhi jia you

Lakier do paznokci

hua zhuang mian

Wata

zhi jia jian

Nożyczki do paznokci

xiang shui

Perfum

xi shu bao

Kosmetyczka

deng zi

Taboret

ji zhong cheng

Waga

yu pao

Szlafrok kąpielowy

xiang jiao shou tao

Rękawice gumowe

wei sheng mian tiao

Tampon

wei sheng jin

Podpaska damska

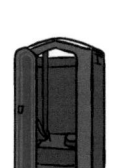

hua xue ce suo

Toaleta chemiczna

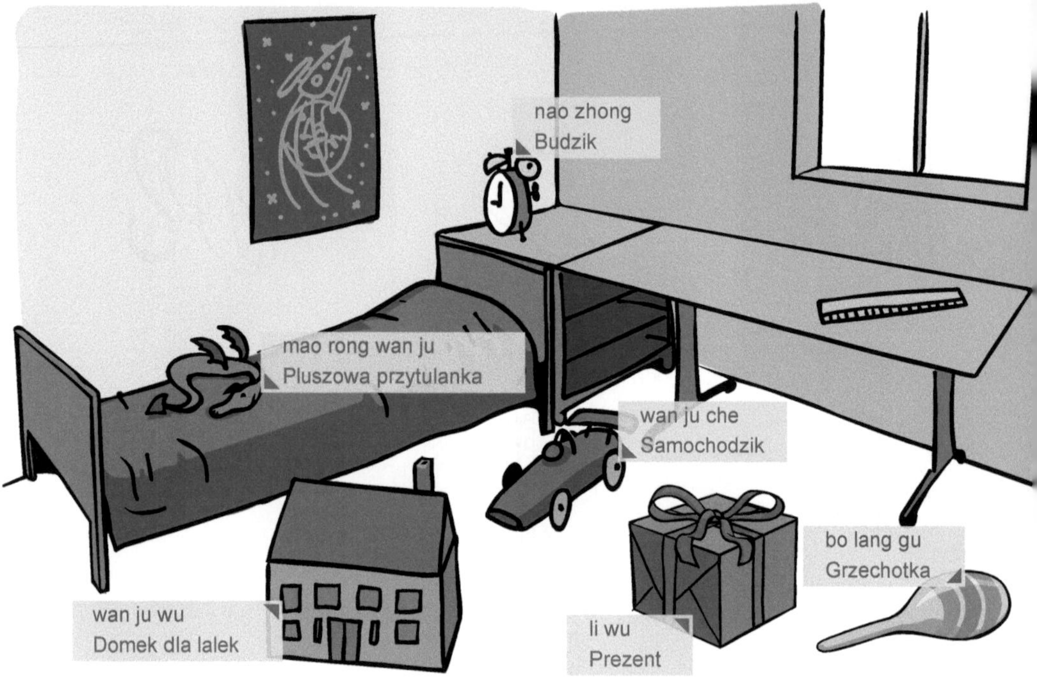

nao zhong
Budzik
mao rong wan ju
Pluszowa przytulanka
wan ju che
Samochodzik
bo lang gu
Grzechotka
wan ju wu
Domek dla lalek
li wu
Prezent

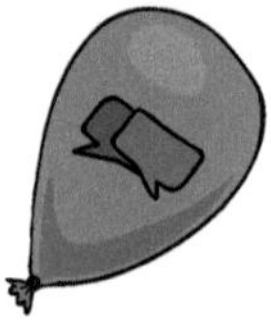

qi qiu

Balon

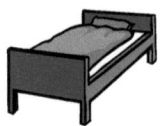

chuang

Łóżko

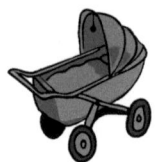

(yang wa wa yong)ying er che

Wózek dziecięcy

pu ke pai

Gra w karty

pin tu

Puzzle

SUPER
MEGA

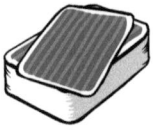

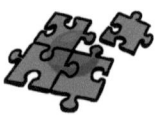

man hua

Komiks

le gao ji mu

Klocki lego

ji mu wan ju

Klocki

wan ju ren

Action figura

ying er fu

Śpioszek dziecięcy

fei pan

Frisbee

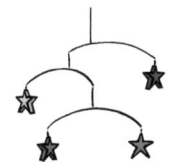

chuang ling wan ju

Zabawki ruchome

qi pan you xi

Gra planszowa

shai zi

Kości

huo che mo xing

Kolejka elektryczna

an fu nai zui

Smoczek

ju hui

Przyjęcie

hui ben

Książka z ilustracjami

qiu

Piłka

yang wa wa

Lalka

wan

bawić się

sha keng

Piaskownica

qiu qian

Huśtawka

wan ju

Zabawki

you xi ji

Konsola do gier

san lun che

Rowerek trójkołowy

tai di xiong

Pluszowy miś

yi chu

Szafa ubraniowa

yi fu

Ubiór

wa zi

Skarpety

chang wa

Pończochy

jin shen ku

Rajstopy

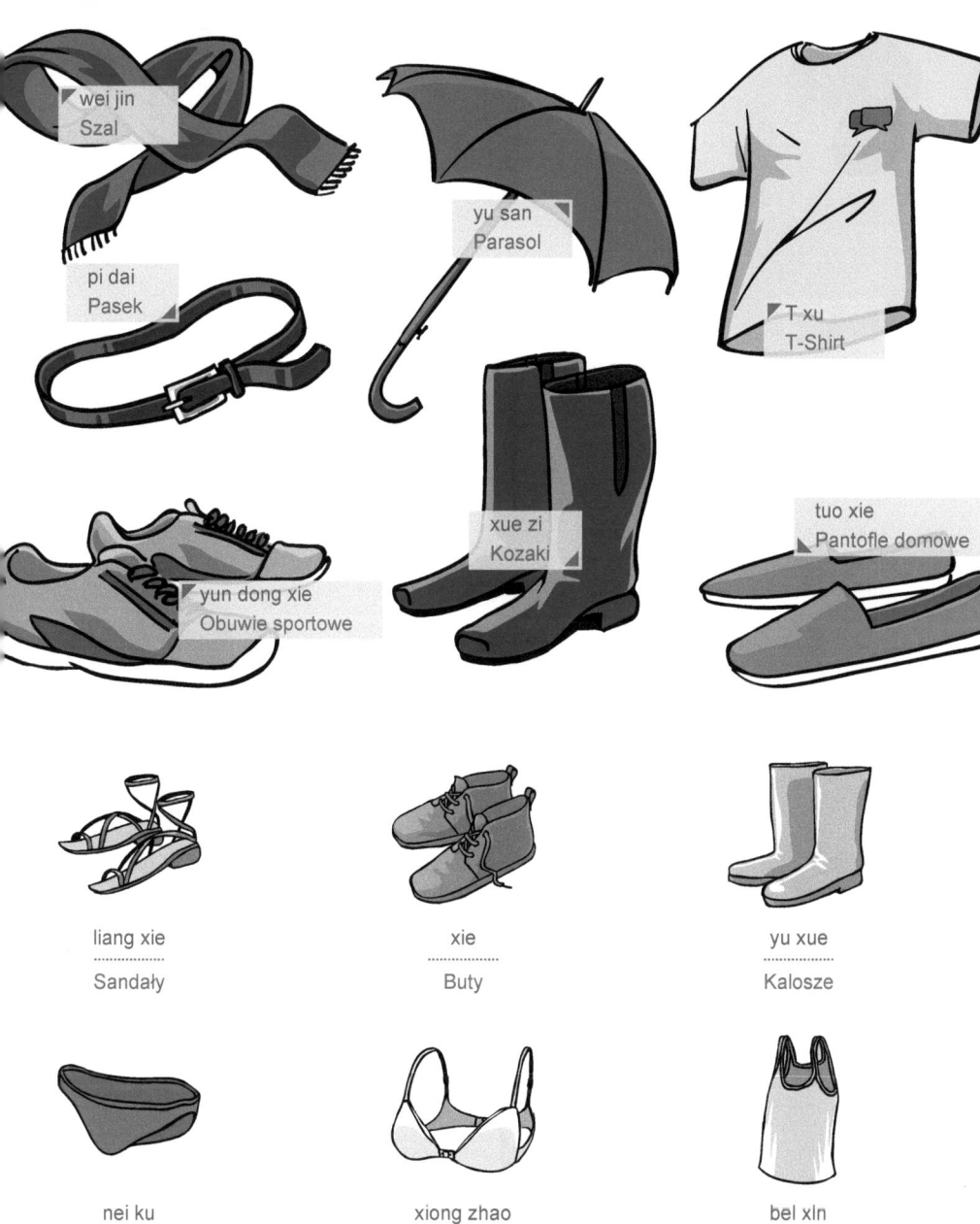

wei jin
Szal

pi dai
Pasek

yu san
Parasol

T xu
T-Shirt

xue zi
Kozaki

tuo xie
Pantofle domowe

yun dong xie
Obuwie sportowe

liang xie
....
Sandały

xie
....
Buty

yu xue
....
Kalosze

nei ku
....
Majtki

xiong zhao
....
Biustonosz

bel xln
....
Podkoszulek

shen ti

Body

ku zi

Spodnie

niu zai ku

Dżins

duan qun

Spódnica

nü shi chen shan

Bluzka

chen shan

Koszula

tao tou shan

Pulower

wei yi

Bluza sportowa

xi zhuang jia ke

Marynarka

jia ke

Kurtka

wai tao

Płaszcz

yu yi

Płaszcz przeciwdeszczowy

tao zhuang

Kostium

lian yi qun

Sukienka

hun sha

Suknia ślubna

xi zhuang

Garnitur męski

shui pao

Koszula nocna

shui yi

Piżama

sha li

Sari

tou jin

Chusta na głowę

bao tou jin

Turban

bo ka

Burka

ka fu tan

Kaftan

(a la bo shi)chang pao

Abaya

yong yi

Strój kąpielowy

nan shi yong ku

Kąpielówki

duan ku

Krótkie spodnie

yun dong fu

Dres sportowy

wei qun

Fartuch

shou tao

Rękawiczki

niu kou

Guzik

yan jing

Okulary

shou lian

Bransoletka

xiang lian

Łańcuszek

jie zhi

Pierścionek

er huan

Kolczyk

bian mao

Czapka

yi jia

Wieszak

mao zi

Kapelusz

ling dai

Krawat

la lian

Zamek błyskawiczny

tou kui

Kask

bei dai

Szelki

xiao fu

Mundurek szkolny

zhi fu

Mundur

wei dou

Śliniaczek

an fu nai zui

Smoczek

niao bu shi

Pieluszka

ban gong shi
Biuro

fu wu qi
Serwer

wen jian gui
Szafa na akta

da yin ji
Drukarka

zhi
Papier

xian shi ping
Monitor

ban gong zhuo
Biurko

shu biao
Mysz

wen jian jia
Segregator

jian pan
Klawiatura

fei zhi kuang
Kosz na odpadki

yi zi
Krzesło

dian nao
Komputer

ka fei bei

Filiżanka do kawy

ji suan qi

Kalkulator

yin te wang

Internet

bi ji ben dian nao

Laptop

xin jian

List

xiao xi

Wiadomość

shou ji

Komórka

wang luo

Sieć

fu yin ji

Kopiarka

ruan jian

Oprogramowanie

dian hua

Telefon

cha zuo

Gniazdko

chuan zhen ji

Faks

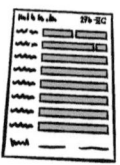

biao ge

Formularz

wen jian

Dokument

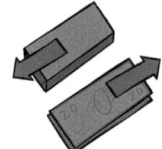

mai

kupić

fu qian

płacić

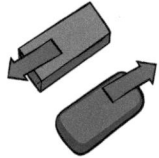

jiao yi

postępować

xian jin

Pieniądze

mei yuan

Dolar

ou yuan

Euro

ri yuan

Jen

lu bu

Rubel

rui shi fa lang

Frank

ren min bi

Juan Renminbi

lu bi

Rupia

ti kuan chu

Bankomat

wai bi dui huan chu

Kantor wymiany walut

jin

Złoto

yin

Srebro

shi you

Olej

neng yuan

Energia

jia ge

Cena

he tong

Umowa

shui jin

Podatek

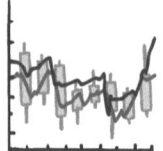

gu piao

Akcja

gong zuo

pracować

zhi yuan

Pracownik umysłowy

lao ban

Pracodawca

gong chang

Fabryka

shang dian

Sklep

zhi ye
Zawody

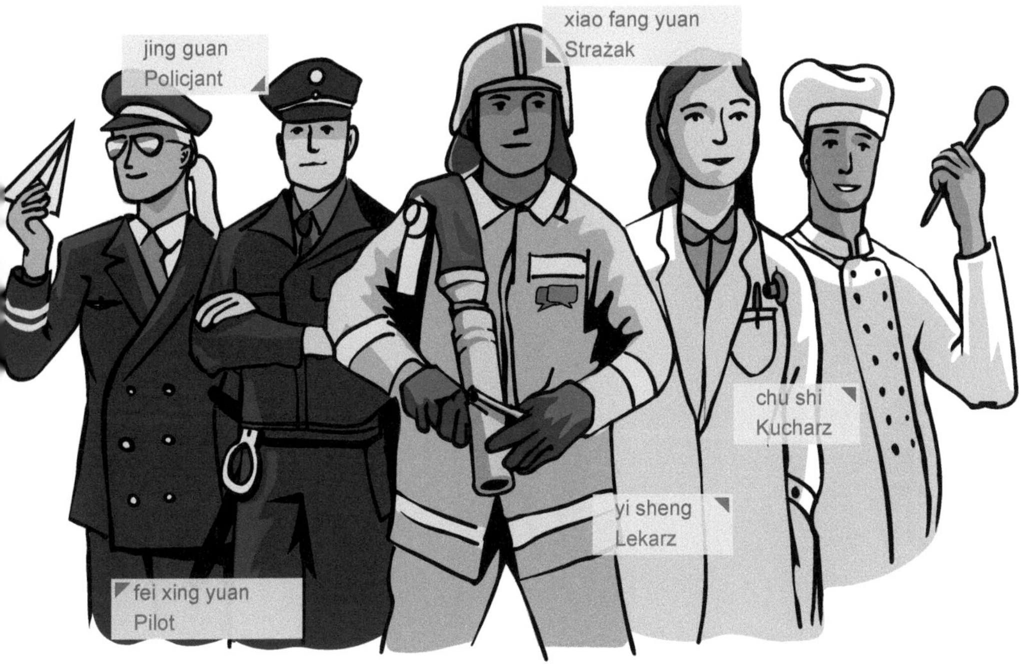

jing guan
Policjant
xiao fang yuan
Strażak
chu shi
Kucharz
yi sheng
Lekarz
fei xing yuan
Pilot

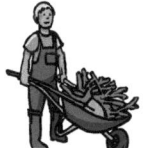

yuan ding

Ogrodnik

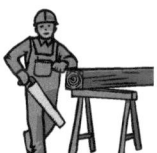

mu jiang

Stolarz

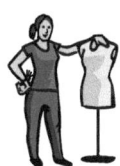

cai feng

Krawcowa

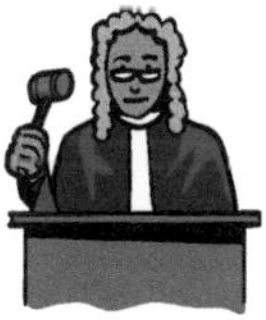

fa guan

Sędzia

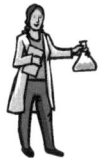

hua xue jia

Chemik

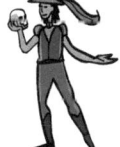

yan yuan

Aktor

gong jiao che si ji

Kierowca autobusu

chu zu che si ji

Taksówkarz

yu fu

Fischer

qing jie nü gong

Sprzątaczka

wu ding gong

Dekarz

fu wu yuan

Kelner

lie ren

Myśliwy

hua jia

Malarz

mian bao shi

Piekarz

dian gong

Elektryk

jian zhu gong ren

Robotnik budowlany

gong cheng shi

Inżynier

tu fu

Rzeźnik

shui guan gong

Instalator

you di yuan

Listonosz

shi bing

Żołnierz

jian zhu shi

Architekt

shou yin yuan

Kasjer

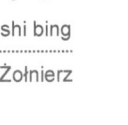

hua nong

Florysta

li fa shi

Fryzjer

shou piao yuan

Konduktor

ji xie shi

Mechanik

chuan zhang

Kapitan

ya yi

Dentysta

ke xue jia

Naukowiec

la bi

Rabin

yi ma mu

Imam

he shang

Mnich

mu shi

Proboszcz

gong ju
Narzędzia

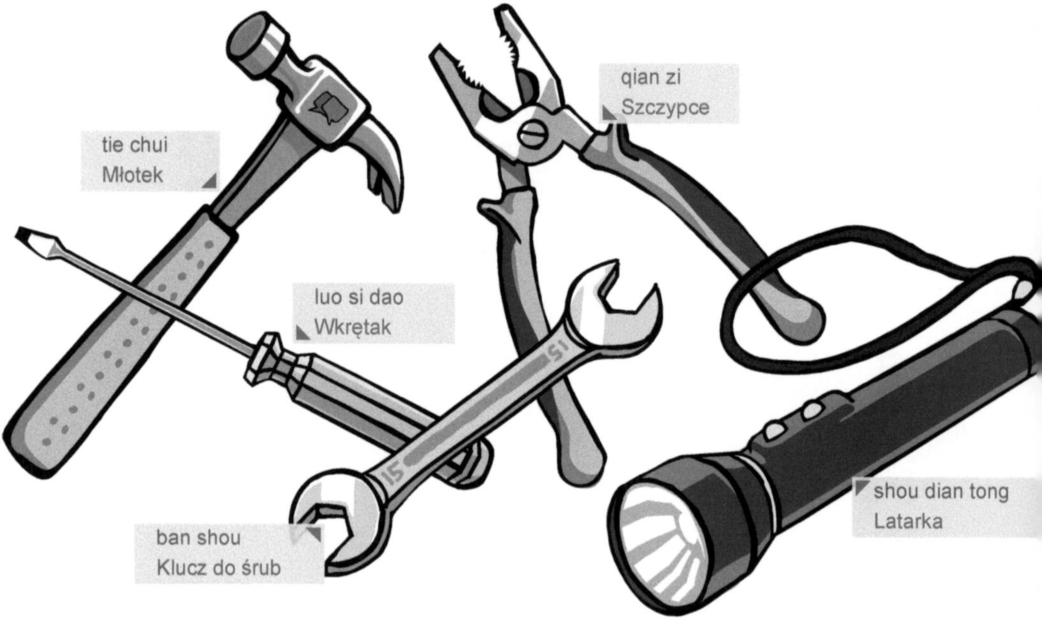
tie chui
Młotek
qian zi
Szczypce
luo si dao
Wkrętak
shou dian tong
Latarka
ban shou
Klucz do śrub

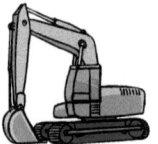

wa jue ji

Koparka

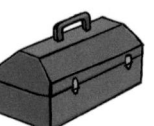

gong ju xiang

Skrzynka narzędziowa

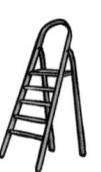

ti zi

Drabina

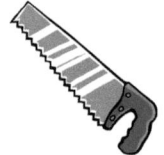

ju zi

Piła

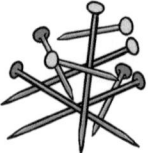

ding zi

Gwoździe

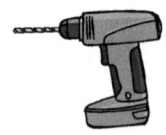

zuan ji

Wiertło

xiu

naprawić

chan zi

Łopatka

kao!

Cholera!

bo ji

Szufelka

you qi tong

Puszka z farbą

luo si

Śruby

yue qi
Instrumenty muzyczne

yang sheng qi
Głośnik

da ji yue qi
Perkusja

di yin ti qin
Kontrabas

xiao hao
Trąbka

ji ta
Gitara

gang qin

Pianino

xiao ti qin

Skrzypce

bei si

Bas

ding yin gu

Kotły

gu

Bęben

dian zi qin

Keyboard

sa ke si guan

Saksofon

chang di

Flet

mai ke feng

Mikrofon

dong wu yuan
Zoo

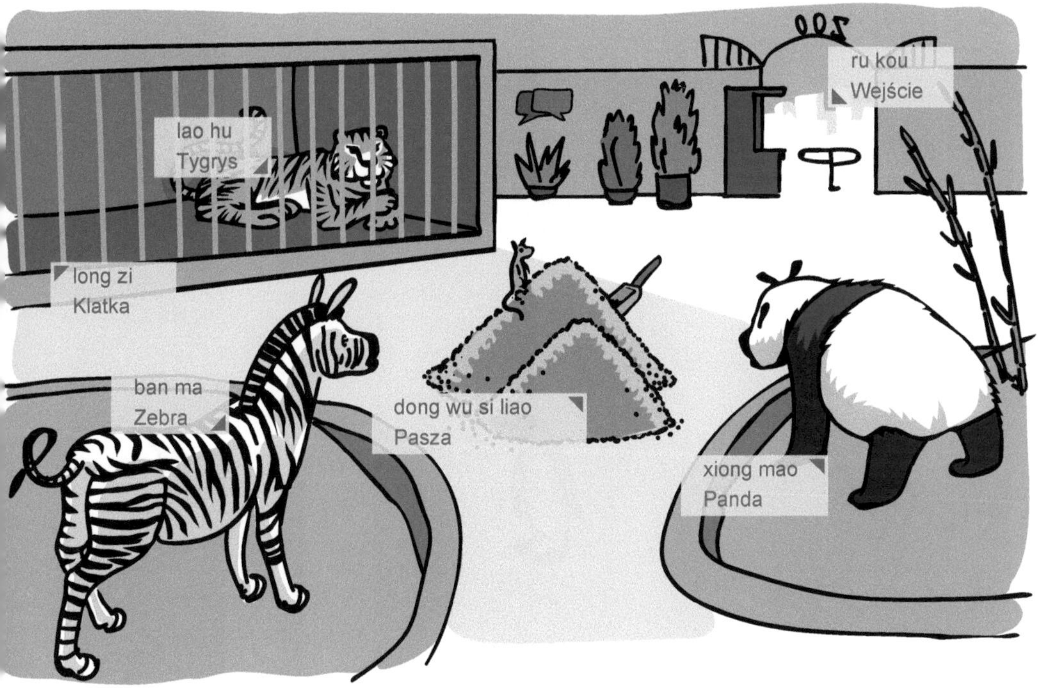

ru kou
Wejście
lao hu
Tygrys
long zi
Klatka
ban ma
Zebra
dong wu si liao
Pasza
xiong mao
Panda

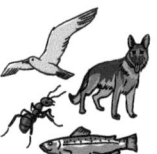

dong wu

Zwierzęta

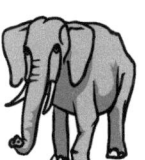

da xiang

Słoń

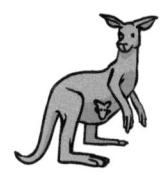

dai shu

Kangur

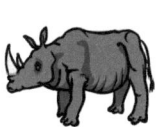

xi niu

Nosorożec

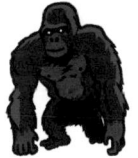

da xing xing

Goryl

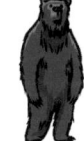

xiong

Niedźwiedź

luo tuo

Wielbłąd

tuo niao

Struś

shi zi

Lew

hou zi

Małpa

huo lie niao

Fleming

ying wu

Papuga

bei ji xiong

Niedźwiedź polarny

qi e

Pingwin

sha yu

Rekin

kong que

Paw

she

Wąż

e yu

Krokodyl

dong wu yuan guan li yuan

Dozorca w zoo

hai bao

Foka

mei zhou bao

Jaguar

ai zhong ma

Kucyk

bao

Gepard

he ma

Hipopotam

chang jing lu

Żyrafa

lao ying

Orzeł

ye zhu

Dzik

yu

Ryba

gui

Żółw

hai xiang

Mors

hu li

Lis

ling yang

Gazela

gan lan qiu
Futbol amerykański

qi zi xing che
Kolarstwo

wang qiu
Tenis

lan qiu
Koszykówka

you yong
Pływanie

quan ji
Boks

bing qiu
Hokej na lodzie

ying shi zu qiu
Piłka nożna

yu mao qiu
Badminton

tian jing
Lekka atletyka

shou qiu
Piłka ręczna

hua xue
Narciarstwo

ma qiu
Polo

tiao
skakać

yong bao
objąć

xiao
śmiać się

zou lu
iść

chang
śpiewać

zuo meng
marzyć

qi dao
modlić się

qin wen
całować

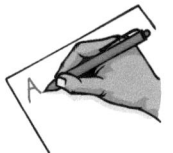

shu xie

pisać

hua

rysować

zhan shi

pokazywać

tuı

nacisnąć

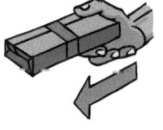

goi

dać

na

wziąć

you
....
mieć

zuo
....
robić

dang
....
być

zhan
....
stać

pao
....
biegać

la
....
ciągnąć

reng
....
rzucać

shuai dao
....
spaść

tang
....
leżeć

deng dai
....
czekać

xie dai
....
nosić

zuo
....
siedzieć

chuan yi
....
zakładać

shui jiao
....
spać

xing lai
....
budzić się

kan

spojrzeć

ku

płakać

fu mo

głaskać

shu tou

czesać się

jiao tan

mówić

ming bai

rozumieć

wen

pytać

ting

słyszeć

he

pić

chi

jeść

qing li

sprzątać

ai

kochać

zuo fan

gotować

kai che

jechać

fei

latać

hang xing

żeglować

ji suan

liczyć

du

czytać

xue xi

uczyć się

gong zuo

pracować

jie hun

wejść w związek małżeński

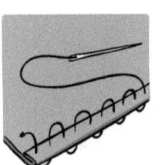

feng

szyć

shua ya

myć zęby

sha

zabić

chou yan

palić tytoń

ji

wysłać

jia
Rodzina

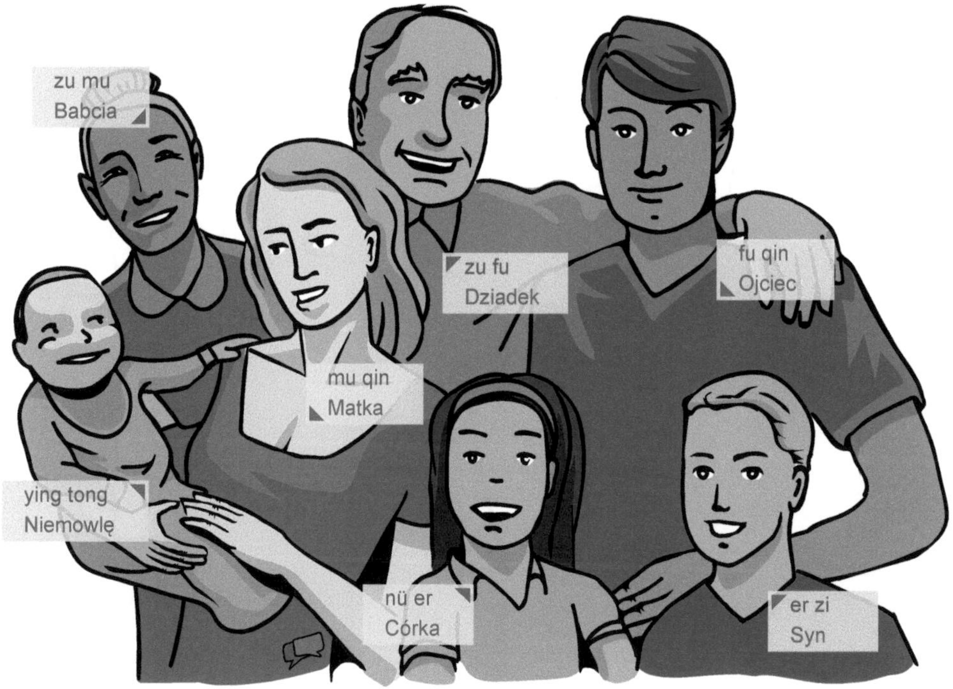
zu mu
Babcia
zu fu
Dziadek
fu qin
Ojciec
mu qin
Matka
ying tong
Niemowlę
nü er
Córka
er zi
Syn

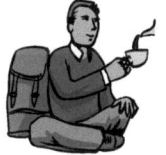

ke ren

Gość

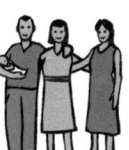

a yi

Ciotka

shu shu

Wujek

xiong di

Brat

jie mei

Siostra

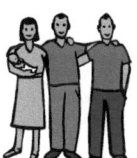

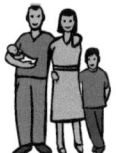

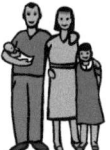

shen ti

Ciało

qian e
Czoło
yan jing
Oko
jian bang
Ramię
shou zhi
Palec
lian
Twarz
xia ba
Broda
shou
Ręka
tui
Noga
ru fang
Pierś
shou bi
Ramię

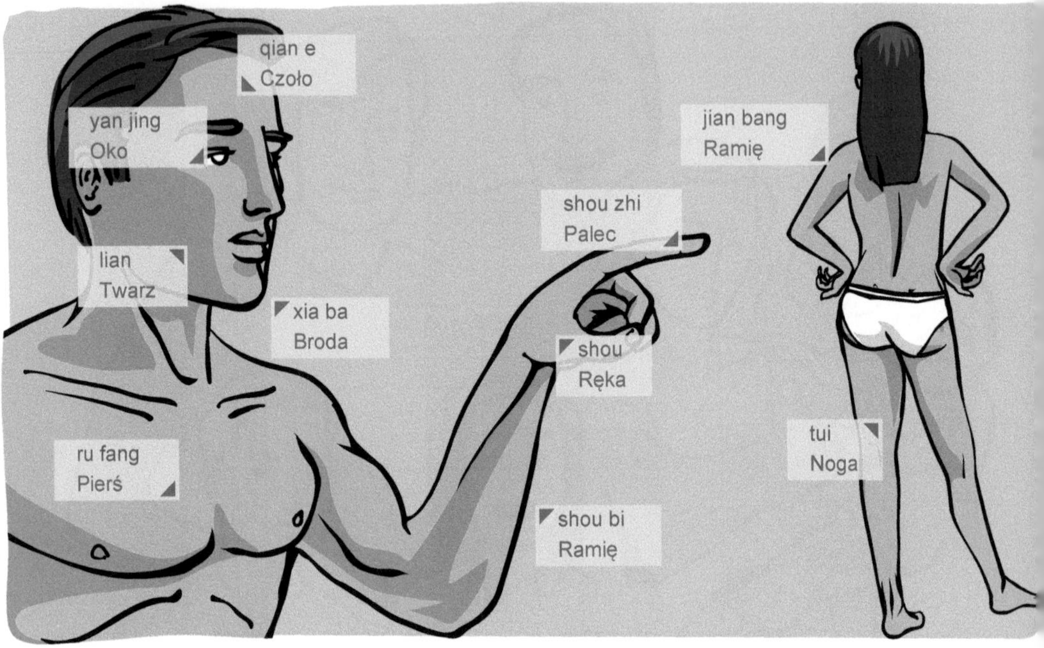

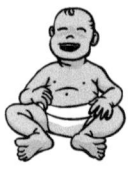

ying tong

Niemowlę

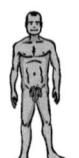

nan ren

Mężczyzna

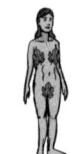

nü ren

Kobieta

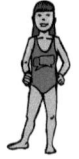

nü hai

Dziewczyna

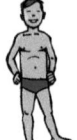

nan hai

Chłopiec

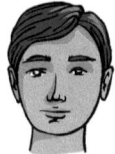

tou

Głowa

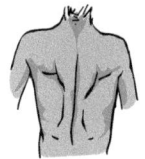

bei bu

Plecy

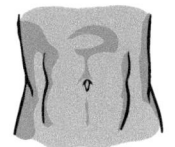

du zi

Brzuch

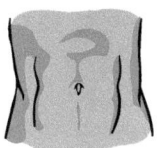

du qi

Pępek

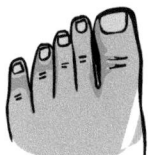

jiao zhi

palec nogi

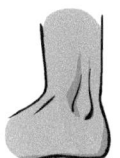

jiao hou gen

Pięta

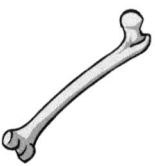

gu tou

Kość

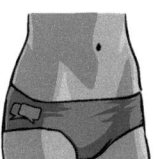

tun bu

Biodro

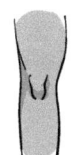

xi gai

Kolano

shou zhou

Łokieć

bi zi

Nos

pi gu

Pośladki

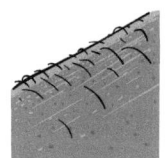

pi fu

Skóra

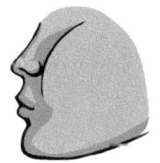

lian jia

Policzek

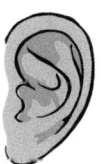

er duo

Uszy

zui chun

Warga

zui

Usta

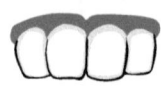

ya chi

Ząb

she tou

Język

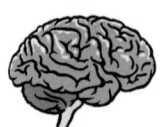

nao

Mózg

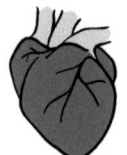

xin zang

Serce

ji rou

Mięsień

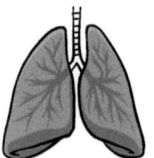

fei

Płuca

gan zang

Wątroba

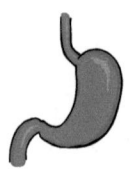

wei

Żołądek

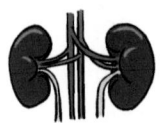

shen zang

Nerki

xing jiao

Stosunek płciowy

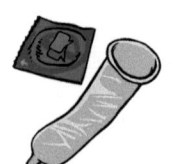

bi yun tao

Kondom

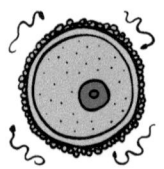

luan zi

Komórka jajowa

jing zi

Sperma

huai yun

Ciąża

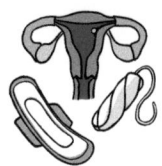

yue jing

Menstruacja

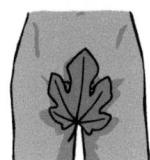

yin dao

Wagina

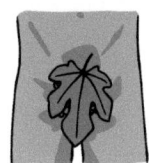

yin jing

Penis

mei mao

Brew

tou fa

Włosy

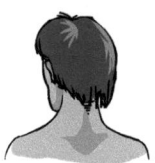

bo zi

Szyja

yi yuan
Szpital

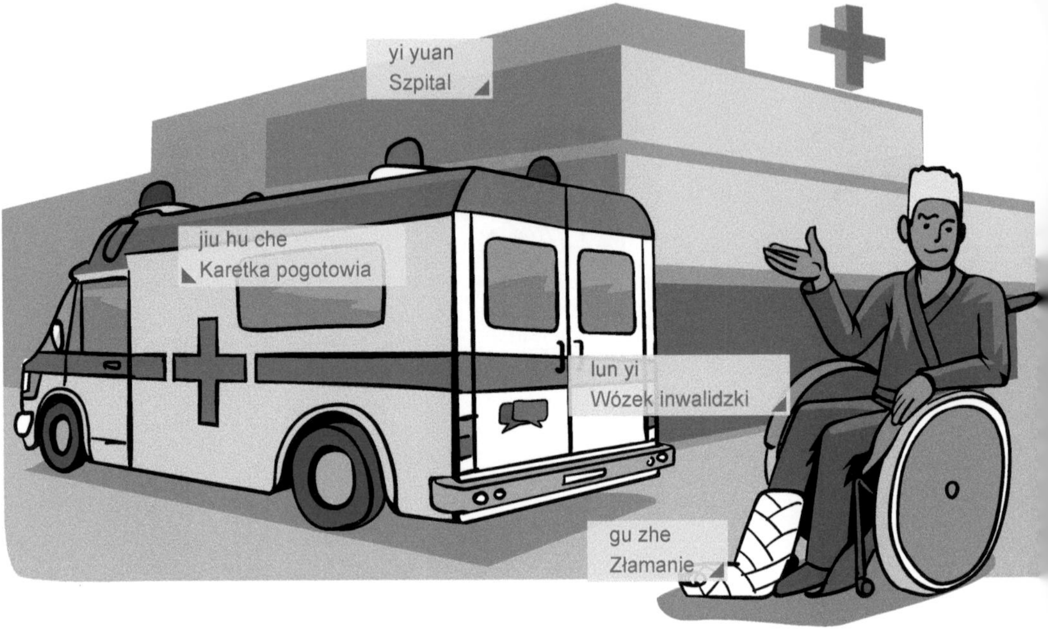
yi yuan
Szpital
jiu hu che
Karetka pogotowia
lun yi
Wózek inwalidzki
gu zhe
Złamanie

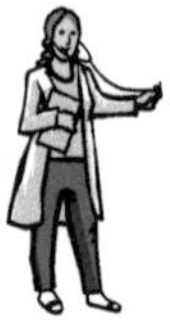

yi sheng

Lekarz

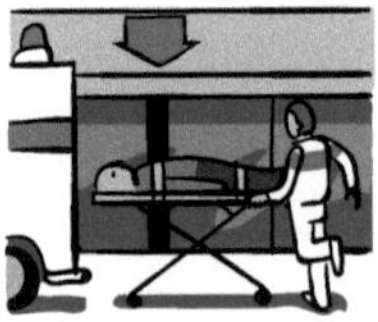

ji zhen shi

Izba przyjęć

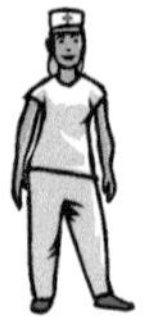

hu shi

Pielęgniarka

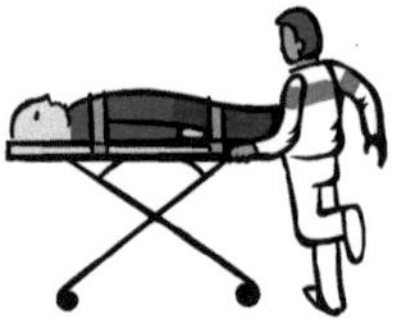

jin ji qing kuang

Nagły przypadek

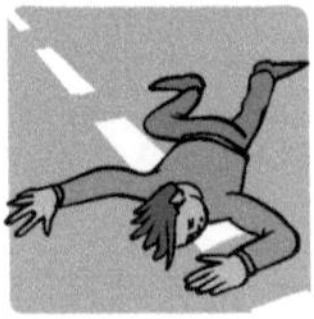

hun mi

nieprzytomny

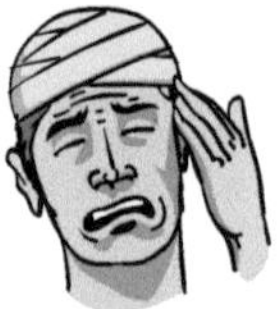

tong

Ból

shou shang

Skaleczenie

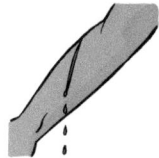

chu xue

Krwawienie

xin zang bing fa zuo

Zawał serca

zhong feng

Udar mózgu

guo min

Alergia

ke sou

Kaszleć

fa shao

Gorączka

liu gan

Grypa

fu xie

Biegunka

tou tong

Ból głowy

ai zheng

Rak

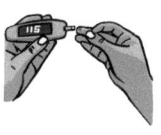

tang niao bing

Cukrzyca

wai ke yi sheng

Chirurg

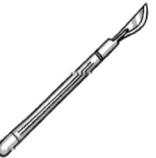

shou shu dao

Skalpel

shou shu

Operacja

CT

CT

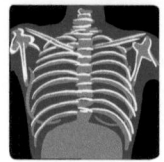

X guang

Rentgen

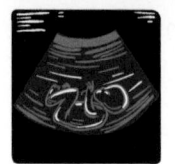

chao sheng bo

Ultradźwięki

kou zhao

Maska

ji bing

Choroba

hou zhen shi

Poczekalnia

guai zhang

Kula

shi gao

Plaster

beng dai

Opatrunek

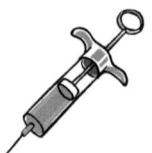

zhu she

Iniekcja

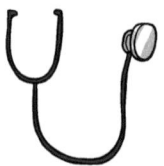

ting zhen qi

Stetoskop

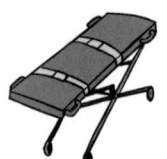

dan jia

Nosze

ti wen ji

Termometr

chu sheng

Poród

chao zhong

Nadwaga

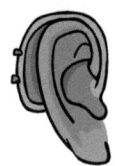

zhu ting qi

Aparat słuchowy

xiao du ye

Środek dezynfekcyjny

gan ran

Infekcja

bing du

Wirus

ai zi bing

HIV / AIDS

yao wu

Medycyna

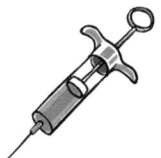

jie zhong yi miao

Szczepienie

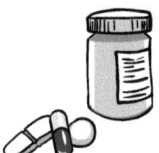

yao pian

Tabletki

yao wan

Pigułka

ji jiu dian hua

Telefon ratunkowy

xue ya ji

Ciśnieniomierz krwi

sheng bing/jian kang

chory / zdrowy

jiu ming!

Pomocy!

jing bao

Alarm

tu ji

Napad

gong ji

Atak

wei xian

Niebezpieczeństwo

jin ji chu kou

Wyjście awaryjne

zhao huo la!

Pożar!

mie huo qi

Gaśnica

yi wai

Wypadek

ji jiu xiang

Walizeczka pierwszej pomocy

hu jiu xin hao

SOS

jing cha

Policja

ou zhou

Europa

bei mei zhou

Ameryka Północna

nan mei zhou

Ameryka Południowa

fei zhou

Afryka

ya zhou

Azja

ao zhou

Australia

da xi yang

Atlantyk

tai ping yang

Pacyfik

yin du yang

Ocean Indyjski

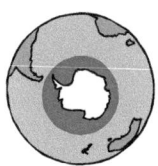

nan bing yang

Ocean Antarktyczny

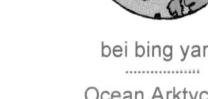

bei bing yang

Ocean Arktyczny

bei ji

Biegun północny

nan ji

Biegun południowy

nan ji zhou

Antarktyda

di qiu

Ziemia

lu di

Kraj

hai

Morze

dao

Wyspa

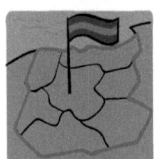

guo jia

Naród

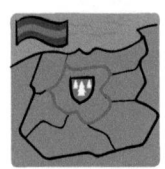

guo jia

Państwo

zhong mian

Cyferblat

shi zhen

Wskazówka godzinowa

fen zhen

Wskazówka minutowa

miao zhen

Wskazówka sekundowa

xian zai ji dian?

Która godzina?

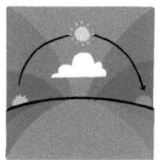

tian

Dzień

shi jian

Czas

xian zai

teraz

dian zi biao

Zegarek digitalny

fen

Minuta

shi

Godzina

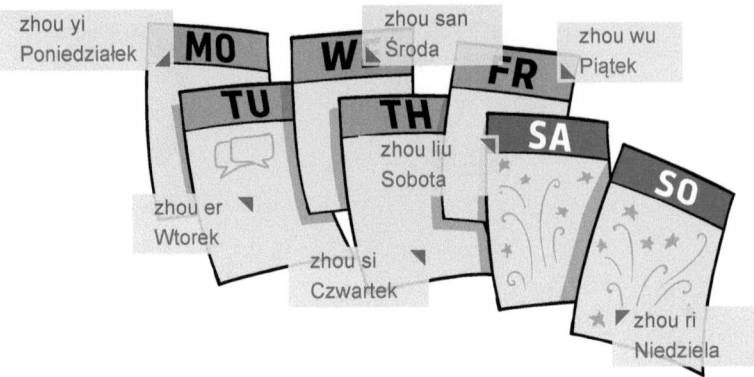

zhou yi
Poniedziałek

zhou san
Środa

zhou wu
Piątek

zhou liu
Sobota

zhou er
Wtorek

zhou si
Czwartek

zhou ri
Niedziela

zuo tian

wczoraj

jin tian

dzisiaj

ming tian

jutro

zao chen

Rano

zhong wu

Południe

wan shang

Wieczór

gong zuo ri

Dni robocze

zhou mo

Weekend

nian
Rok

yu
Deszcz
cai hong
Tęcza
xue
Śnieg
feng
Wiatr
chun
Wiosna
qiu
Jesień
xia
Lato
dong
Zima

4.APRIL 11°
5.APRIL 4°
6.APRIL 13°
7.APRIL 8°
8.APRIL 10°

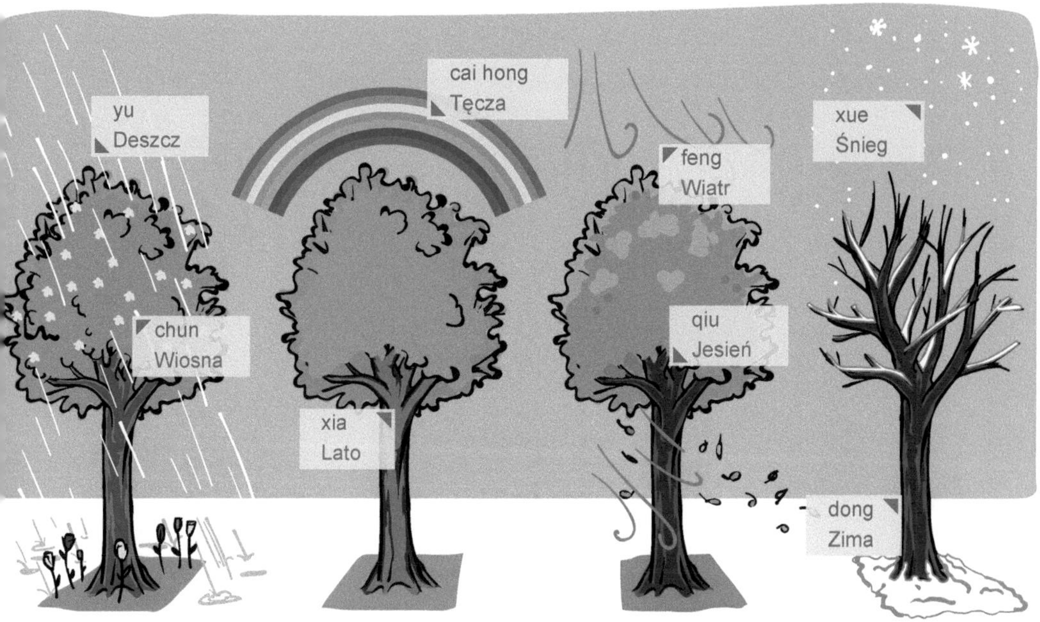

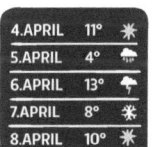

tian qi yu bao

Prognoza pogody

F C

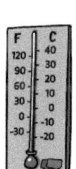

wen du ji

Termometr

yang guang

Światło słoneczne

yun

Chmura

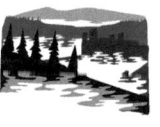

wu

Mgła

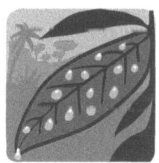

chao shi

Wilgotność powietrza

shan dian

Błyskawica

da lei

Grzmot

feng bao

Sztorm

bing bao

Grad

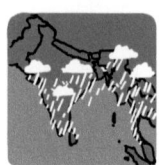

ji feng

Monsun

hong shui

Potop

bing

Lód

yi yue

Styczeń

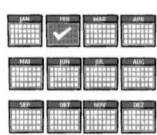

er yue

Luty

san yue

Marzec

si yue

Kwiecień

wu yue

Maj

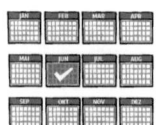

liu yue

Czerwiec

qi yue

Lipiec

ba yue

Sierpień

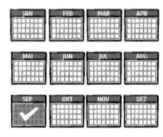

jiu yue

Wrzesień

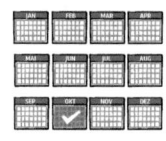

shi yue

Październik

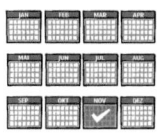

shi yi yue

Listopad

shi er yue

Grudzień

xing zhuang
Kształty

yuan xing

Koło

zheng fang xing

Kwadrat

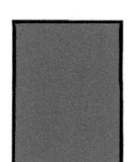

chang fang xing

Prostokąt

san jiao xing

Trójkąt

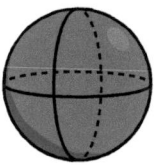

qiu ti

Kula

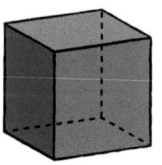

li fang ti

Sześcian

bai

biały

huang

żółty

cheng

pomarańczowy

fen

różowy

hong

czerwony

zi

liliowy

lan

niebieski

lü

zielony

zong

brązowy

hui

szary

hei

czarny

hen duo/shao xu

dużo / mało

sheng qi/ping jing

wściekły / spokojny

mei/chou

piękny / brzydki

shou/wei

początek / koniec

da/xiao

duży / mały

ming/an

jasny / ciemny

xiong di/jie mei

brat / siostra

gan jing/ang zang

czysty / brudny

wan zheng/que shi

kompletny / niekompletny

bai tian/wan shang

dzień / noc

si/sheng

umarły / żywy

kuan/zhai

szeroki / wąski

ke shi yong/fei shi yong

jadalny / niejadalny

xie e/shan liang

zły / uprzejmy

xing fen/wu liao

podniecony / znudzony

pang/shou

gruby / chudy

di yi/zui hou

najpierw / na końcu

peng you/di ren

przyjaciel / wróg

man/kong

pełen / pusty

ying/ruan

twardy / miękki

zhong/qing

ciężki / lekki

e/ke

głód / pragnienie

sheng bing/jian kang

chory / zdrowy

fei fa/he fa

nielegalny / legalny

cong ming/yu ben

inteligentny / głupi

zuo/you

lewo / prawo

jin/yuan

bliski / daleki

xin/jiu

nowy / używany

mei you/you xie

nic / coś

lao/you

stary / młody

kai/guan

włącz / wyłącz

da kai/he shang

otwarty / zamknięty

an jing/chao nao

cichy / głośny

fu/qiong

bogaty / biedny

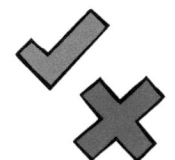

dui/cuo

prawidłowy / błędny

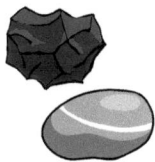

cu cao/guang hua

chropowaty / gładki

shang xin/gao xing

smutny / szczęśliwy

duan/chang

krótki / długi

man/kuai

powolny / szybki

shi/gan

mokry/suchy

wen nuan/liang shuang

ciepły / chłodny

zhan zheng/he ping

wojna / pokój

0

ling

zero

1

yi

jeden

2

er

dwa

3

san

trzy

4

si

cztery

5

wu

pięć

6

liu

sześć

7

qi

siedem

8

ba

osiem

9

jiu

dziewięć

10

shi

dziesięć

11

shi yi

jedenaście

12

shi er

dwanaście

13

shi san

trzynaście

14

shi si

czternaście

15

shi wu

piętnaście

16

shi liu

szesnaście

17

shi qi

siedemnaście

18

shi ba

osiemnaście

19

shi jiu

dziewiętnaście

20

er shi

dwadzieścia

100

bai

sto

1.000

qian

tysiąc

1.000.000

bai wan

milion

ying yu

Angielski

mei shi ying yu

Angielski amerykański

pu tong hua

Chiński mandaryński

yin di yu

Hindi

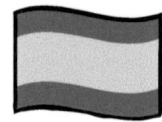

xi ban ya yu

Hiszpański

fa yu

Francuski

a la bo yu

Arabski

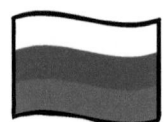

e yu

Rosyjski

pu tao ya yu

Portugalski

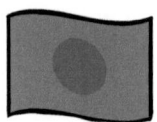

feng jia la yu

Bengalski

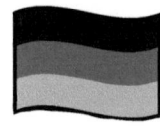

de yu

Niemiecki

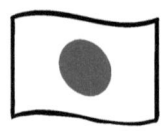

ri yu

Japoński

wo

ja

ni

ty

ta/ta/ta

on / ona / ono

wo men

my

ni men

wy

ta men

oni

shei?

kto?

shen me?

co?

zen yang?

jak?

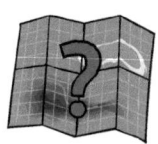

na li?

gdzie?

shen me shi hou?

kiedy?

ming zi

Nazwisko

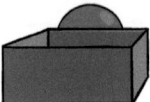

hou mian

za

li mian

w

qian mian

przed

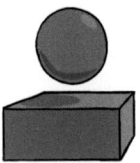

shang fang

powyżej

shang mian

na

xia mian

pod

pang bian

obok

zhong jian

między

di dian

Miejsce